Tomi Ungerer

Die Hölle
ist das Paradies
des Teufels

Gedanken und Notizen

Mit einem Vorwort von
Elke Heidenreich

Diogenes

Umschlagillustration von
Tomi Ungerer

Für den Frühlingsmenschen
Werner Spies

»Ich zeichne, was ich schreibe.
Ich schreibe, was ich zeichne.
Ich bin ein Aufzeichner.«

Tomi Ungerer

INHALT

In einem Glas Wasser schwimmen lernen

Gedanken zu Tomi Ungerers Aphorismen

Wenn Arthur Schopenhauer recht damit hat, dass uns die ersten vierzig Jahre den Text unseres Lebens liefern und die folgenden dreißig den Kommentar dazu, dann ist der jetzt siebenundsiebzigjährige Tomi Ungerer der beste Kommentator seines Lebens. Und genauso liest sich auch dieses Buch, diese Sammlung von Gedankensplittern, Bonmots, Aperçus, das, was wir Aphorismen nennen.

Man muss ein Talent für so etwas haben. Es gibt durch alle Jahrhunderte große Aphoristiker, gewiss, aber man kann sie immer noch zählen, denn nicht jeder kluge Mensch ist in der Lage, so kurz und knapp, so ironisch, so scheinbar leicht das Wesentliche in wenigen Worten zu sa-

gen. Der Aphorismus, sagte Marie von Ebner-Eschenbach, eine Meisterin des Fachs, ist der letzte Ring einer langen Gedankenkette.

Tomi Ungerer zeichnet, malt, schreibt sein Leben lang. Viele seiner Zeichnungen sind wie Aphorismen: auf den Punkt gebrachte Satiren oder rasche, präzise Blicke auf komplizierte Verhältnisse. Auch die diesem Buch beigegebenen Zeichnungen sind Aphorismen – der Mann, der mit oder ohne Brille nur Mauern sieht; der ans Stuhlbein gebundene, also flugunfähige Pfeil hinaus ins Leben; der Mensch als Glied einer Kette. Die Zeichnungen, sonst Ungerers Hauptwerk, sind hier das Beiprogramm. Es geht um die Aphorismen, in vielen Jahren entstanden, schnelle kleine Pfeile, die ins Schwarze treffen. Klaus von Welser, Aphorismensammler und Herausgeber, ist der Meinung, dass der Systematiker seine Gedanken ausführt, aber der Aphoristiker führt sie heim.

Tomi Ungerer beobachtet, hält fest, zeichnet, schreibt, beschreibt – »Ich zeichne, was ich schreibe. Ich schreibe, was ich zeichne. Ich bin ein Aufzeichner«, sagt er ja auch von sich. Er macht nicht viele Striche, und er macht nicht viele Worte. Der Aphorismus ist ihm die angemessenste, knappste Form, das auszudrücken, was er sieht und sagt.

Ja, die Hölle ist in der Tat das Paradies des Teufels, weil alles eine Frage des Ausgangspunkts ist, und so stimmt es auch, dass das Gleichgewicht der Traum der Waage ist und dass die Wolken ohne den Wind nicht wüssten, wohin. Aphorismen können poetisch sein, witzig, blitzgescheit oder auch banal, sogenannte Binsenweisheiten: »Das Glück, falls es das gibt, ist eine Frage der Disziplin.«

Aber auch das ist schön formuliert. Man blättert, man liest sich fest, man hat das so und so ähnlich auch schon gedacht, hätte es aber nie so wunderbar formulieren können, und auf Seite 76 weiß man: »Ein gutes Buch ist ein Buch, zu dem man ein Vorwort schreiben möchte.«

Wie schreibt man denn aber ein Vorwort zu einzelnen Sinnsprüchen, die keine Geschichte bilden, außer: Die Geschichte ist hier die Summe eines ganzen Lebens? Indem man ein wenig über Tomi Ungerer schreibt, über den man in diesen Aphorismen so viel erfährt.

Er ist ein Kunstarbeiter, der die Welt um-
pflügt, mit Strichen und Worten. Er zeigt die
Welt so, wie sie ist, und darum stehen in seinen
Kinderbüchern auch schon mal Whiskyflaschen
auf dem Tisch. Pädagogen ist er verdächtig,
Feministinnen beschimpfen ihn als Erotoma-
nen, Politiker keiner Richtung können ihn ver-
einnahmen. Er ist – im Elsass geboren, in der
ganzen Welt zuhause – ein umfassend gebildeter
Renaissancemensch, ein Weltbürger, der in vier
Sprachen denkt, arbeitet, lebt. Er ist ein
Moralist, der nur an den Zweifel glaubt und
doch nie aufhört zu träumen. Er hat ein großes
Talent für die Freundschaft, aber das Verhältnis
Mann-Frau ist für ihn ein... »Schlitzkrieg«.
Über solche Geschmacklosigkeiten kann er sich
ausschütten vor Lachen, er liebt die Provoka-
tion, bei der die andern entnervt aufheulen, ge-
nau das muss es eben auch bei ihm sein, das
ganz und gar Platte. »Ich fahre meinen eigenen
Lasterwagen«, kalauert er vergnügt.

»Ich bin ein gezeichneter Mensch«, schreibt
er, »gezeichnet von Faschismus und Protestantismus. Vom Protestantismus ist mir die Moral
geblieben, den Puritanismus habe ich ersetzt

durch Erotomanie. Und meine Erotomanie war immer ein Rachefeldzug gegen den Puritanismus.«

Und so lauert er, bis wir an solche »Stellen« geraten und gequält schauen, und er jubelt, weil wieder mal ein Schuss getroffen hat, egal, wohin. Tomi Ungerer kann mit Worten genau die Wunde treffen, aber er selbst verletzt nie. Er zeigt, wo es weh tut, und deckt sein hinreißend verschmitztes Lächeln darüber. Er schärft sein Kriegsbeil, wie es in einem seiner Aphorismen heißt, und dann – begräbt er es. Er ist kein Zyniker, er ist Realist und rät uns, aus der ganzen Scheiße, in der wir versinken, doch einfach Dünger zu machen. Tomi Ungerer ist ein Widerspruch in sich. Der große Mann fühlt sich innen oft insektenklein, seinem Welterfolg misstraut er, er arbeitet rastlos und erholt sich dabei von seinen schweren Krankheiten, und er rät uns, die wir verzweifelt sind: »Vor dem Ertrinken immer einatmen.«

In diesen Aphorismen breitet Tomi Ungerer seine ganze Welt- und Lebenssicht vor uns aus, seine ganze Erfahrung, seinen Mut, seine Verzweiflung, seinen Witz, seine Unsicherheit, sei-

ne Gelassenheit. Kein Glück, nirgends. Keine Angst, also auch kein Mut, denn: »Wer keine Angst hat, braucht keinen Mut.« Vorwärts und rückwärts sind identisch, je nachdem, von wo man schaut. Und am Ende? Ein Tod, den man nicht fürchten muss. Er ist nicht so grausam wie die Liebe. Er ist, sagt Tomi, lebenswert. »Das Leben ist eine Schule, der Tod die großen Ferien.«

Hoffentlich geht Tomi noch lange in die Schule, als unser Lehrer, den wir lieben und brauchen.

Elke Heidenreich
im Oktober 2008

*Die Hölle
ist das Paradies
des Teufels*

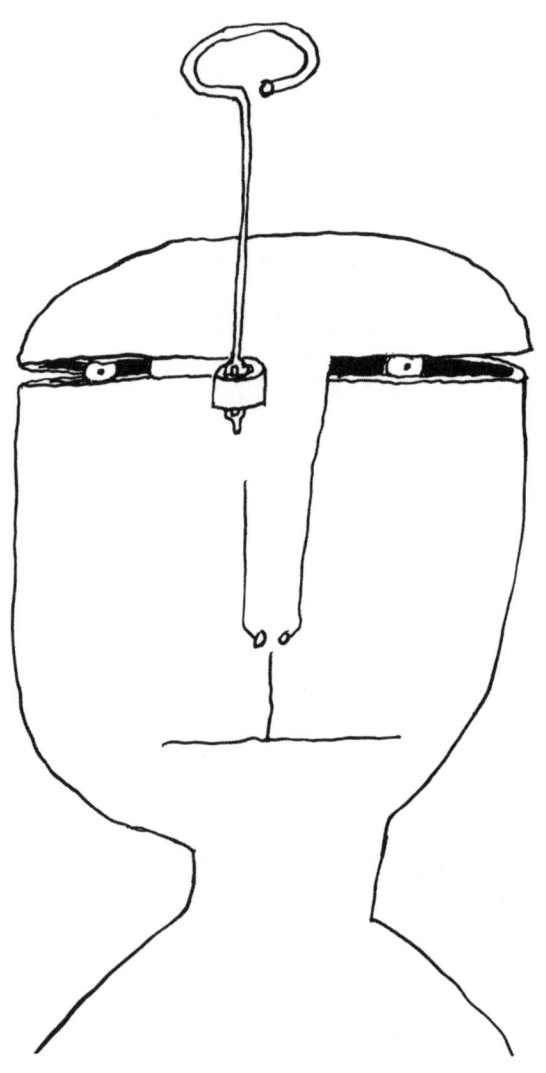

DEFINITIONEN

Die Hölle ist das Paradies des Teufels.

Der Strand ist der Friedhof der Wellen.

Die Unsicherheit ist die Mutter der
Eitelkeit.

Pragmatismus ist Vorwärtskommen im
Rückwärtsgang.

Schwarz ist die Lieblingsfarbe der
Blinden.

Kommata sind die Schleusen der Sätze.

Das Gleichgewicht ist der Traum der Waage.

Ein Testament ist eine Erbensuppe.

Der Regenbogen ist die Brücke zwischen der Sonne und dem Regen.

Die Sterne sind die Satzzeichen einer unsichtbaren Geschichte.

Ein Kreis ist ein rundes Quadrat.

Ein Gehstock ist ein nackter Regenschirm.

Musik ist Lärm mit Kurven.

Albträume sind die Rache des Schlafes.

Die Vergangenheit ist der Dünger für die Zukunft.

Wellen sind Meeresfalten.

Der Schatten ist mobile Dunkelheit.

Die Hoffnung ist die Mutter der Enttäuschung.

FRAGEN

Frag mich eine Antwort.

Und wenn der Himmel ein großer
dunkler Arsch wäre, und der Mond darin
das Loch?

Wie kitzelt man einen Vulkan?

Was wäre eine Frage ohne Fragezeichen?

Wie viele Quellen enden in einer
Toilettenspülung?

Wie beleidigt man ein Schimpfwort?

Gibt es einen vegetarischen Eskimo?

Was macht die Nacht während des
Tages?

Kann ein Klavier mit einem Flügel
fliegen?

Wo steckt der Strauß seinen Kopf hin,
wenn der Boden zu hart ist? (Ich weiß es!)

Die besten Antworten sind Klumpen zu-
sammengekneteter Fragezeichen.

Fragespiel: Finde eine Frage zu einer
Antwort.

Wenn wir fragen, müssen Antworten
kommen. Ob die uns dann passen?

Stell keine Fragen, und die Antworten
werden sich um dich scharen.

Fragen nagen am Glück.

GLÜCK

Zum Glück bin ich nie glücklich gewesen.

Ich habe meine Freude daran, auf das
Glück zu verzichten, das Glück ist mir
viel zu ernst.

Das Glück, falls es das gibt, ist eine
Frage der Disziplin.

Glücklich ist, wer das Glück vergessen
hat.

Alles Glück ist nur eine Illusion,
eine Ballonfahrt, bei der man sehr schnell
abstürzt.

Glückliche Momente sind funkenschnell.

Alle sprechen immer von Glück, Glück,
Glück. Ich finde Freude viel wichtiger als
Glück.

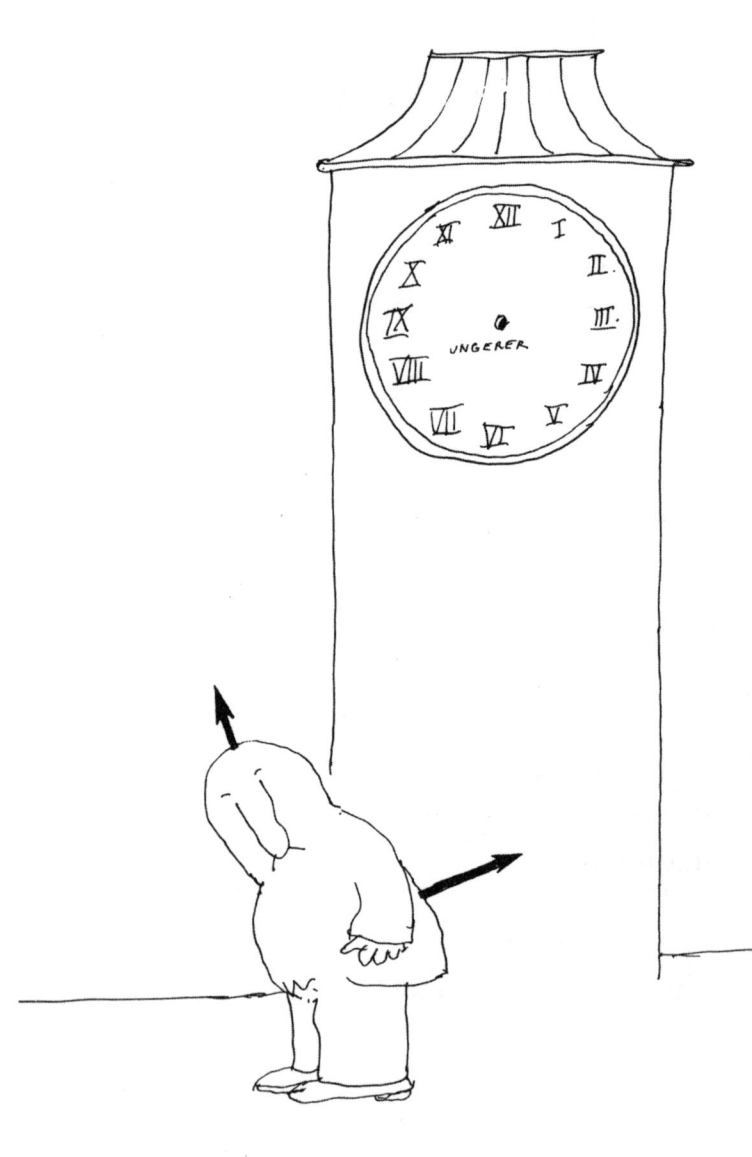

SEIN UND ZEIT

Die Zeiger der Uhr stricken die Zeit.

Las Vegas: *l'être et le néon*.

Die Sekunden beneiden die Stunden,
die Wochen sind eifersüchtig auf die
Jahre, und die Jahrhunderte trauern dem
Augenblick nach.

Die Gegenwart ist nur eine vibrierende,
dünne Membran zwischen Vergangenheit
und Zukunft.

Um zu spät zu kommen, braucht man
viel Zeit.

In meinem Wohnzimmer habe ich
eine Uhr ohne Zeiger. Das ist meine Zeit.
Eine gute Sekunde ist Stunden wert.

Morgen ist nachher.

Die Vergangenheit schält sich wie eine
Zwiebel, mit Tränen.

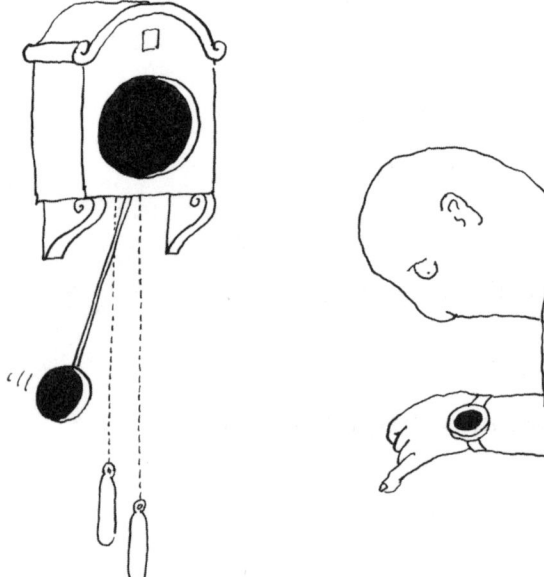

TUGEND UND LASTER

Ich fahre meinen eigenen Lasterwagen.

Das Laster ist eine Form der Tugend,
wenn es niemandem schadet.

Auch das Richtige braucht eine Richtung.

Es gibt nur eine Priorität im Leben:
das Leben der anderen.

Man muss die Bösen Gutes tun lassen.

Wer keine Angst hat, braucht keinen
Mut.

Meine Pflicht lenkt meine Sicht.

Es ist leichter, seine Unschuld zu verlieren als seine Illusionen.

Geduld ist häufig eine Form der Faulheit.

Mein Talisman in meiner Brieftasche, das Gebet von Franz von Assisi: »Herr, mache mich zum Werkzeug deines Friedens…«

Man kann alles zähmen, selbst eine Mauer – mit Efeu.

Die Suche nach der Moral ist eine Safari in einem Tropenwald voller Fallstricke. Wie soll man auch das Gute vom Bösen unterscheiden, wenn sie sich so oft umarmen, durchdringen und unter einer Decke stecken?

Guter Wille braucht Geduld.

Ein Lächeln ist eine Investition,
genauso wie eine gute Tat, die immer eine
doppelte Wirkung hat: Man tut Gutes
und fühlt sich gut.

Nichts ist frustrierender, als einen
Sündenbock zu verlieren.

Man muss im Leben geben, sonst ist
das Leben vergeben.

Das Böse in sich anerkennen wie ein
uneheliches Kind.

Nichts ist rentabler als der gute Wille.

Das Leben ist eine Hürde zur Würde.

Man muss das Beste aus seinen Fehlern melken.

Es ist einfacher, anderen zu verzeihen als sich selbst.

Lieber das Schlimmste verbessern als umgekehrt.

Je größer die Macht,
desto dunkler die Nacht.

Die beste Herausforderung findet man
in Konflikten, und die inneren Konflikte
sind die allerbesten.

Es gibt kein anderes Mittel gegen Vorurteile, Hass und Ungerechtigkeit als die
persönliche Bewusstseinsentwicklung,
die uns unsere Pflichten diktiert.

Das Wichtigste im Leben ist Respekt.
Wenn man keinen Respekt dem anderen
gegenüber hat, dann kann man wohl
kaum Respekt vor sich selbst haben.

Mit einem Gewissen ist Freiheit
unerreichbar. Wir sind hoffnungslose
Diener und Pächter unserer Pflichten.

Das Streben nach Freiheit ist sinnlos,
weil man nie frei von sich selbst ist.

Die schlimmsten Narben sind die
unsichtbaren.

Besser in guten Händen als unter
schlechten Füßen.

Die Begeisterung führt auf ein Sprung-
brett, vom dem es zu springen gilt.
Wenn das Becken voll ist, muss man
schwimmen können.

Mich interessiert das *no man's land*
zwischen dem Guten und dem Bösen –
da kann jeder etwas vom anderen lernen,
sonst wäre es ein *no mind's land*.

RELATIVITÄT

Ein großer Zwerg und ein kleiner Riese
sind gleich groß.

Als ich sieben Jahre alt war, lernte ich die
Relativität. Auf dem Tisch im Esszimmer
hatte ich zwei große Münzen auf die
Kante gestellt. Meine Mutter kam ins
Zimmer, und eine der Münzen fiel
klingelnd herunter. Erstaunt rief sie:
»Tomi, *un miracle*! Ich habe die Türe
zugeschlagen, und die Münze ist auf-
gestanden.«

Landkarte und Kompass sind nutzlos,
wenn man nicht weiß, wo man sich
befindet.

RIGHT WING

LEFT WING

Ein Etwas ist manchmal besser als ein Alles.

Alles ist relativ... der See ist für Frösche ein Meer, eine Pfütze für Ameisen ein Ozean, ein Ozean ist für den Astronauten eine Pfütze.

Man muss sich nur umdrehen, schon wird aus links rechts.

Eine Lüge ist die Anerkennung der Wahrheit.

Man sollte einen Elefanten durch eine Lupe betrachten und eine Ameise durch ein Fernglas.

Unter dem Mikroskop ist jeder Mensch ein Titan.

RUHM UND EHRE

Lorbeeren stechen, wenn man sich drauf-
setzt.

Dem Dichter wächst der Lorbeer
auf dem Kopf. Die Frau, die pflückt ihn
für den Topf.

Es ist, als würde der Erfolg meiner
Unsicherheit neue Nahrung geben,
sie bläht sich wieder auf, lässt mich nie
zur Ruhe kommen und spornt mich dabei
immer wieder zur Arbeit an.

Jede Medaille hat ihre Kehrseite,
besonders, wenn sie militärisch ist.

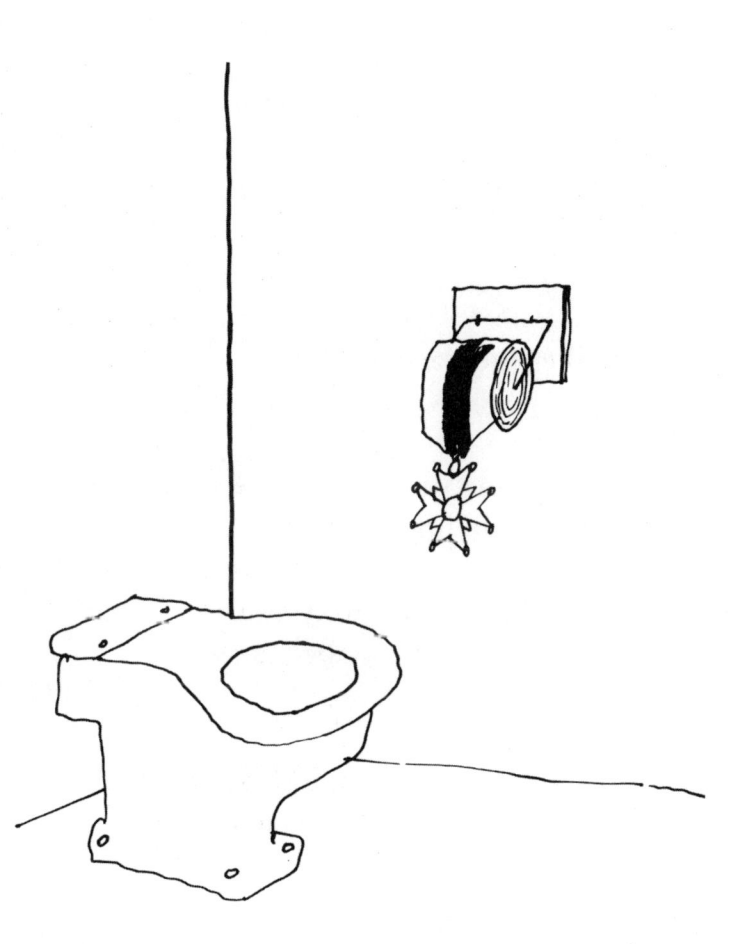

Wäre die Medaille eine Kugel, hätte sie keine Kehrseite.

Erfolg bringt einen zum Rennen, genau wie Durchfall.

Jeder Erfolg ist eine Mine auf dem Feld der Selbstgefälligkeit.

Eitelkeit ist wärmer als Stolz.

Eine Ehrung ist leider immer auch eine Art Beehrdigung.

WISSEN UND WEISHEIT

Weisheit ist häufig ein Zeichen von Erschöpfung.

Die Straßenlampe gibt Licht und dient den Hunden als Pissoir. Dieses Los teilt sie mit allen großen Philosophien.

Das Vielleicht ist das Ergebnis einer Kopulation zwischen dem Ja und dem Nein.

Ich gebe Ihnen meine Meinung, ohne sie zu teilen.

Wissen ist nicht unbedingt verstehen.

Ich mag keine Universitätsgurken mit
90% Wassergehalt.

Lieber oberflächlich in vielen Gebieten
als Spezialist in einem einzigen.

Meine Gedanken notiere ich auf Konfetti
statt auf ein Blatt, das macht sie flüchtiger.

Zwar habe ich nicht die sieben Säulen der
Weisheit gefunden, jedoch wenigstens
eine Säule. Aber welche?

Nichts ist logischer als das Absurde.

Weisheit ist kein Beweis.

Die Suche ist spannender als das Finden.

Dummheit ist manchmal ein Ersatz für Intelligenz.

Ein Genie ist ein Toben oben, ein Idiot ein Oben ohne.

Descartes sagt: »Ich denke, also bin ich.« Aber der einzige Daseinsbeweis ist der Tod. Es muss heißen: »Ich bin tot, also war ich.«

Eine Weltanschauung muss durchschaut werden.

Entweder ich bin zu ungeduldig, oder die Weisheit ist zu langweilig.

SLOGANS

Nicht denken, lenken!

Lieber nie als gar nicht.

Wo viel Wille, keine Stille!

Don't talk, walk.

Don't hope, cope.

Don't steam, scream.

Hope is a fourletter word.

Rauchen gehört verboten
ist der Leidspruch vieler Toten.

Gelegenheiten dürfen nicht liegenbleiben.

Lieber sterben als ewig verderben,
sagen viele Erben.

Heute Kuss – morgen Verdruss.

Some nurse, others curse.

Kraft durch Reue.

Rauchen ist tödlich – das Leben auch.

Kill me now and hurt me later.

Kraft durch Frieden.

Alle gleich, alle verschieden.

LIEBE UND FREUNDSCHAFT

Das Bouquet eines Weins entfaltet sich
erst richtig, wenn er mit einem Freund
geteilt wird.

Die Freundschaft pflügen, pflegen und
pflücken.

Ein guter Mensch ist schwer zu finden,
und leicht zu verlieren.

Wäre ich ein Tisch, wären meine Freunde
meine Ausziehplatten.

Freundschaft ist wichtiger als Liebe, aber
ohne Liebe keine Freundschaft.

Zuneigung und Zärtlichkeit in der Freundschaft bringen die Liebe in Verruf.

Ein Treffen mit einem Menschen kann ein Volltreffer sein.

Eine echte Freundschaft ist ein *full time job*.

Die Liebe ist das unerbittlichste Wunder, das es gibt.

Eine Liebe erklärt man, genau wie einen Krieg.

Wie viele Menschen haben die Freude am Leben verloren, nachdem sie sich verliebt haben.

Sehnsucht ist eine Art von romantischer Selbstbefriedigung.

Man muss ziemlich viel pflügen, damit eine Ehe auch nach der Ernte hält.

Ein paar Flitterwochen für ein Gitter-leben.

Lieber hasse ich den Hass, als die Liebe zu lieben.

KURZSCHLÜSSE

Arbeitslose Insel sucht Ozean.

In einem Glas Wasser schwimmen lernen.

Herr Schlecht und Frau Schlimmer.

Im Flughafen, an der Sicherheits-
kontrolle: »Haben Sie Flüssigkeiten?«
»Ja. Blut, Schweiß und Tränen.«

Halt's Maul und sag: »Ja.«

Ein Geiger betrügt seine Frau:
ein Saitensprung.

Mit so viel Quecksilber im Ozean brauche ich nur einen Fisch als Thermometer an die Wand zu nageln.

Ein Anker, der schwerer ist als das Schiff.

Eintopfgesicht.

Ein Laden, in dem man Gefühle kaufen kann. Ein Kunde tritt ein: »Geben Sie mir bitte zwei Pfund Großzügigkeit, ein Pfund Liebe, drei Meter Freundlichkeit und eine Sprühdose Geduld.« –
»Wir haben diese Woche Eifer im Sonderangebot und gefrorene Freundlichkeiten.«

Eine Birne für mein Lampenfieber.

Die Unsicherheit trägt einen Prahlhelm.

Lieber einen guten Unfall als eine
schlimme Krankheit.

Eine treffende Entgegnung:
ein Maulwurf.

Der Mond ist voll, schwanger mit
Sternen.

Es war so kalt, dass mir die Spucke
auf der Zunge fror.

Chronische Krankheiten werden zur
Gewohnheit.

Eine Ecke bietet mehr Überraschungen
als eine Kurve.

Das Schicksaal ist ein Warteraum.

Mit der Überbevölkerung wird es bald
einen Reinkarnationsmangel geben.

Es gibt intelligente Ärsche mit Hinter-
gedanken.

Ohne Arsch, was würden wir tun?
Die Toiletten wären arbeitslos, Sitzen
wäre unmöglich, die Menschen würden
explodieren unter dem Druck eines
frustrierten Auspuffs und aller einge-
sperrten Essensreste.

Ein Loch ist eine Öffnung, wie die
Hoffnung.

Ohne Treppen keine Stockwerke.

Wer zu viel Melone isst,
wird meloncholisch.

Sein Wein ist mein Essig.

Der Schatten ist ein Parasit: Je heller das Licht, desto hartnäckiger klebt er an einem.

Die Giraffe braucht einen Aufzug zum Kotzen.

Ohne Idioten gäb's kein Paradies.

Reinkarnation ist schlimmer als Vererbung.

Manchmal ist ein Kurzschluss der beste Abschied.

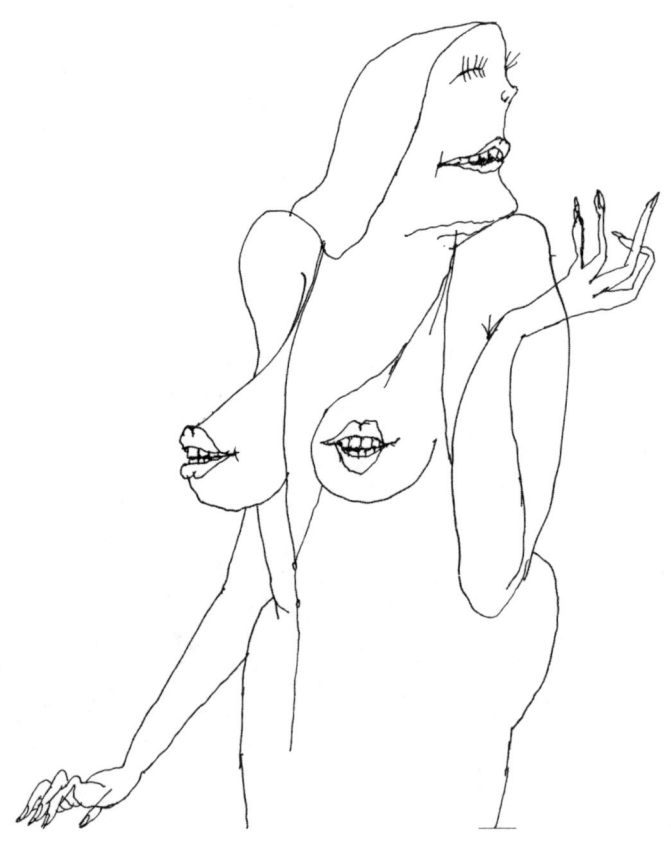

FRAUEN

Frauen sind ein notwendiges…
Vergnügen.

Ich musste erst ein Frauenfeind werden,
um die Frauen zu schätzen und zu
respektieren.

Sie wirft mir alle ihre Fehler vor.

Im Dunkeln ist keine Frau blond.

Für mich liegt die Attraktivität einer Frau
in ihren Augen, in der Stimme und in
ihrem Denken – und nicht in der Unter-
hose.

Vor der Liebe steht der Respekt.
Wer eine Frau nicht respektiert, liebt sie
auch nicht.

Wie man sich bettet, so liegt man,
besonders mit einer Frau.

Eine schwangere Frau ist eine Ausnahme
von der Regel.

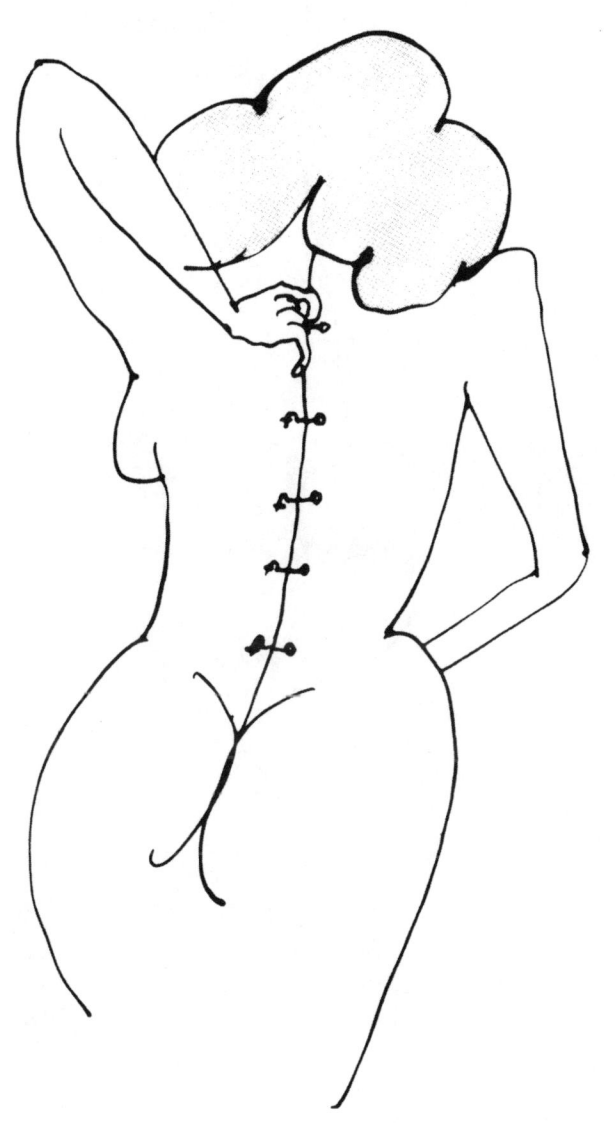

KUNST

Kunst ist Einfall durch Zufall, manchmal
mit Beifall, manchmal mit Durchfall.

Talent ist eine Strafe, denn Perfektion ist
unerreichbar.

Heute noch die jungen Wilden, morgen
schon die alten Milden.

Nichts ist langweiliger als Perfektion.
Wenn die Venus von Milo Arme hätte,
sähe sie aus wie ein Friedhofsdenkmal.

Die Zeichnung ist der Schatten meines
Gedankens.

Ob ich zeichne oder schreibe, ich bin mein eigener Linienpilot.

Das Zeichnen braucht keine Sprache.

Mit dem Radiergummi bin ich der Straßenfeger meiner Zeichnungen.

Meine Kunst trägt einen schweren Musenhalter.

In meinem Atelier steht ein Skelett – das geduldigste Modell, das ich je hatte.

Mein Werk ist eigentlich gar kein Werk, sondern nur ein großer Pudding. Ich bin kein Cézanne. Der war wie ein Apfelbaum und musste sorgsam beschnitten werden. Ich bin Unkraut und wuchere. Welches Unkraut? Löwenzahn natürlich.

Der entlässt viele kleine Sporen als Fallschirme in den Wind. Der Stiel des Löwenzahns ist hohl, er blufft, aber das erhöht die Standfestigkeit. Der Löwenzahn wurzelt sehr tief, und seine Blätter kann man als Salat essen. Es ist ein praktisches, schönes und genießbares Unkraut.

Der Künstler braucht keine Ruhe,
er braucht seine Unruhe.

Die Obsession ist die beste Waffe der Phantasie.

Kunst ist überall, sie muss nur als solche erkannt werden. Die persönlich empfundene Schönheit kann überall gesehen, gespürt und gesammelt werden.

Kunst ist Dunst.

Die schönste Landschaft besteht
aus einer Linie auf einem Blatt Papier.
Ein Horizont ohne Meer oder Himmel.

Die Hoffnungslosigkeit ist für mich die
achte Muse, je hoffnungsloser, desto
inspirierter der Künstler.

Wenn ich wissen will, wie ein Plakat
wirkt, schaue ich es verkehrt herum
durch ein Fernglas an.

Mit Bitternis denke ich an die vielen
verkannten oder vergessenen
Zeichentalente, denn bis heute ist die
Zeichenkunst der vernachlässigte
Sprössling der Kultur, der Bastard der
Musen.

Ob man sich zeigt mit einem Maserati,
mit einem Krokodil auf dem Hemd, oder

ob man einen Matisse besitzt: alles reiner Snobismus. Die Kunst als Statussymbol, als Investition, vom Handel manipuliert, von galeristischen Zuhältern vorgeführt und von Kritikern hochgejubelt, die sich auf dem Künstler wichtig machen wie Fliegen auf einem Käse – mehr eingebildet als ausgebildet.

BÜCHER

Fragt man mich nach meinem Beruf, so
antworte ich, dass ich Bücher mache.
Ich könnte auch sagen, ich bin Künstler,
Zeichner, Werbefachmann, Bildhauer, ich
schreibe Geschichten… Ich könnte auch
sagen, ich bin ein Autor. Nein. Ich
»mache« Bücher, ich empfange sie gerade
so, wie man Kinder bekommt… Da gibt
es auch Fehlgeburten, Sprösslinge, bei
denen einige wenige gut herausgestellte
Vorzüge eine Unmenge von Schwächen
verbergen. Kinder sind konvexe oder
konkave Spiegel ihrer Eltern, Bücher
sind solche Spiegel ihrer Autoren.
Ich lasse meiner Bücherphantasie und
der Wirklichkeit, die sie nährt, freien
Lauf, lasse sie sich entfalten wie ein
Spinnennetz, in dem ich wie ein
Kreisel spinne.

Es gibt keine Wurst ohne Metzger – und keinen Autor ohne Verleger.

Der Dichter ist der Trichter der Poesie.

Ein gutes Buch ist ein Buch, zu dem man ein Vorwort schreiben möchte.

Das war das schlechteste Buch, das ich nie gelesen habe.

Ein Dichter steigt vor Tagesanbruch auf einen Berg. Über den Wolken erlebt er ein großes Glücksgefühl, das ihn zu einem wunderschönen Gedicht inspiriert. Er schreibt es auf zwei Blätter, die er zufällig bei sich hat. Auf einmal überfällt ihn ein fürchterliches Bauchgrimmen. Das hat Folgen. Natürlich gibt es meilenweit keine Toilette, ja, es ist so kahl, dass es nicht einmal einen Stein gibt, der ihm,

wie den Beduinen in der Wüste,
das Papier ersetzen könnte. Die einzige
Rettung ist das schöne Gedicht, das
hinterher ungenießbar ist.

Die alte Frage, welches Buch ich auf die
einsame Insel mitnehmen würde? Ein
Telefonbuch. Genug Papier, um sich das
Hinterteil ein paar Jahre abzuwischen.
Eine Bibel würde ich aus Respekt nicht
dazu benutzen.

Ich bin nicht allein, ich bin von Büchern
umgeben, und in jedem Buch habe ich
einen Freund. Außer in denen, die ich
selber gemacht habe: Sie sind eher dazu
angetan, mir Angst zu machen.

Die Bücher, die ich gemacht habe, sehen
in den Regalen aus wie gut gedrillte,
strammstehende Soldaten, Verteidiger
meiner Wünsche, meiner Vorurteile,

meiner Irrtümer, meiner Einfälle.
Miteinander verbunden wie die Teile
eines Puzzles ohne Ende, dem noch so
viele Teile fehlen.

Der Schriftsteller pflügt, sät und erntet,
ich dagegen begnüge mich damit,
Honig zu sammeln, im Vorübergehen
etwas zu pflücken.

Alles ist geeignet, mich abzulenken, denn
alles ist nützliches Material: die
Bewegung einer Wolke, eine Erinnerung,
eine Fliege, ein Telefonanruf. Ordnung in
meine Gedanken zu bringen, das ist wie
der Versuch, ohne Hilfe eines Hundes
dreihundert im Moor verirrte Schafe
zusammenzutreiben.

Die Ideen schießen mir nur so durch den
Kopf, ich bin wie ein Computer – als
würde jemand auf einen Knopf drücken.

Ich habe zu viele Ideen, das ist wie ein
permanenter Strom, der nie aufhört.
Man hat mich einmal den Schnellkünstler
Ungerer genannt. Ich zeichne ein Bild oft
zwanzig bis dreißig Mal, es gehört zum
Schwung meiner Spontaneität. Jede
meiner Zeichnungen ist ein Blitzkrieg.

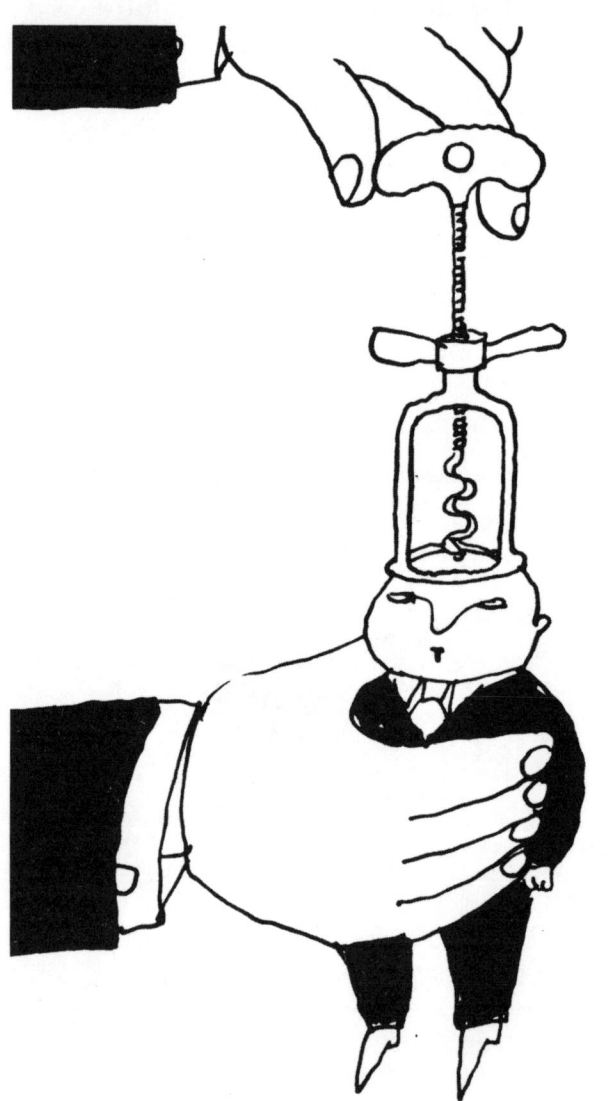

ELSASS

Früher habe ich immer gesagt, das Elsass ist wie eine Toilette, immer besetzt – aber jetzt sind wir Europa.

Als Elsässer habe ich das typische Elsässer-Problem: Wer bin ich? Durch dieses Identitätsproblem entwickelt man in der Fremde die Fähigkeit, ein ›Chamäleonist‹ zu sein. Da ich weder eine deutsche noch eine französische Identität habe, kann ich mich überall einmischen: ein Vorteil.

Man hat das Elsass den Deutschen verkauft, man hat es den Franzosen verkauft, man hätte es den Juden verkaufen müssen, dann wäre es in der Familie geblieben.

Vor lauter Vergewaltigung hat das Elsass die Lust entdeckt.

Ich war acht, als die Deutschen ins Elsass einmarschierten. Bei uns zu Hause wurde ein deutscher Offizier einquartiert. Der sagte zu meiner Mutter: »Ah, Sie haben auch Kinder. Ich habe drei Söhne. Zwei sind in Polen gefallen. Ich hoffe, dass ich auch noch den dritten unserem Führer geben kann.« Meiner Mutter gab der Offizier ein Rezept für Karottenkuchen. Die Deutschen zogen ab, die Franzosen kamen. Aber das Rezept benutzte meine Mutter jahrzehntelang, bis zu ihrem Tod. Das ist typisch für das Elsass. Das Essen bedeutet uns so viel, weil weder die Deutschen noch die Franzosen es uns aus dem Magen holen können.

Bei uns im Elsass gibt es mehr als 180 Ausdrücke für den Zustand der Trunkenheit, für Völlerei sowie für die Vorgänge des Verdauens und Sich-Erleichterns. Nur den Liebesbereich haben die Protestanten ausgedünnt.

Im Elsass wird mit Wurstkränzen gebetet.

Elsässisch ist meine Muttersprache, Englisch meine Futtersprache.

Beim Elsässer ist, ganz darwinistisch, ein Arm länger als der andere. Der lange Arm ist nützlich, um die deutsche Kuh überm Rhein zu melken oder die französische hinter der »blauen Linie der Vogesen«. Aber er dient nicht nur zum Melken, sondern auch, um einander die Hand zu geben.

Der Überlebensinstinkt des zum Kanonenfutter Prädestinierten hat uns in eine schlaue Schneckengesellschaft ver-

wandelt: Wir können uns tarnen,
unsichtbar machen, sind bequem und
bescheiden.

Ich habe einen Freund aus der Nach-
kriegsgeneration, der mit dem
Französischen aufgewachsen ist – der
Klang der deutschen Sprache rief schlimme Erinnerungen an die Nazizeit wach,
und Elsässisch war einfach unelegant.
Vor einigen Jahren erlitt seine Mutter, die
am Lycée Deutsch unterrichtete, einen

Schlaganfall. Der liebe Sohn war dabei, als die Mutter wieder zu sich kam: Sie sprach nur Deutsch, konnte sich an kein Wort Französisch erinnern. Sie lebt noch, und der Sohn versteht sie bis heute nicht. Da haben wir sie, die elsässische Zerrissenheit.

In Berlin gab es eine Mauer. Im Elsass hatten wir drei: eine gallische, eine teutonische und eine Klagemauer. Denn die Elsässer klagen gerne wie die Juden, und so heißt es in unserem Lied vom Hans im Schnokeloch: »Und was er hätt, das will er net, und was er will, das hätt er net.«

Der Elsässer denkt wie ein Presskopf.

Unsere Stärke liegt in unserer Vielseitigkeit. Wir sind ein gemischter Schlag. Sind wir die Deutschen von Frankreich? Oder die Franzosen von Deutschland?

Das Elsass ist eine Region inmitten unseres Kontinents. Und dennoch, geopolitisch betrachtet, könnte man sie als Insel bezeichnen, zwischen dem Gallischen und dem Germanischen Ozean gelegen, stets den Flutwellen der Geschichte ausgesetzt. Die Identität des Elsässers ist die eines Inselbewohners.

Das Elsass ist von Eingeborenen bevölkert, die eine Schneckenmentalität pflegen. Die Unsicherheit, die die Invasionen mit sich brachten, verleitet dazu, sich in ein gemütliches Schneckenhaus zurückzuziehen. Dabei könnte eine Schnecke, mit ihren vier Sichtfeldern, sogar zwei Bücher auf einmal lesen …

Wir Elsässer sind oft kleinkariert wie ein Kreuzworträtsel.

Das Elsass ist Mitteleuropa. Wenn man von Westen kommt, liegen wir im Osten, wenn man von Osten kommt, liegen wir im Westen.

Ich sage immer: adaptiert, adoptiert.

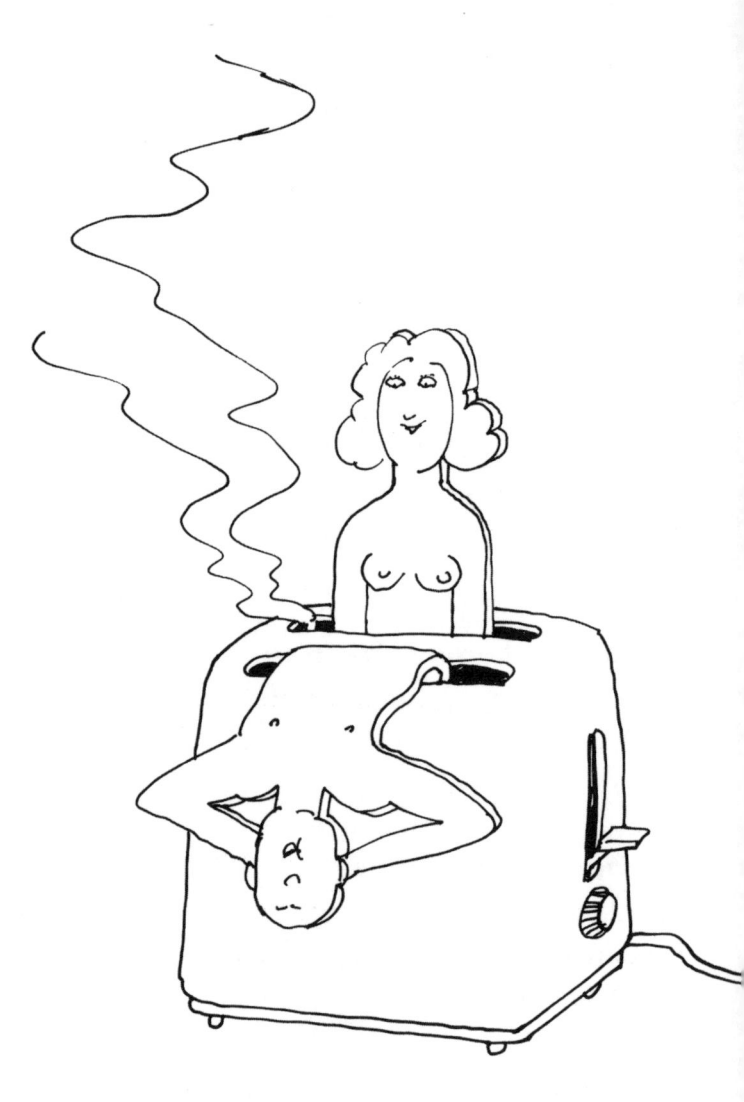

EROTIK

Erotische Kunst ist Ersatz und Kontrastmittel, Verwirklichung und Ausleben des Undenkbaren auf dem Papier.

Kein Sünder ohne Zünder.

Ich war immer ein Instrument der sexuellen Revolution. Zwei Beispiele: Wie viele Menschen haben mir erzählt, dass sie als Jugendliche ihr Taschengeld gespart haben, um mein Buch *Kamasutra der Frösche* zu kaufen. Bei den Signierstunden zum *Erotoscope* kamen mehr Frauen als Männer – das war eine echte Freude für mich.

Wenn die Menschen mehr Mut hätten, ihre erotischen Phantasien auszuleben, gäbe es keine Pornographie mehr.
Für mich ist die Erotik, mehr noch als die bloße Sinnlichkeit, eine Form der Befreiung.

Ich bin ein gezeichneter Mensch, gezeichnet von Faschismus und Protestantismus. Vom Protestantismus ist mir die Moral geblieben, den Puritanismus habe ich ersetzt durch Erotomanie. Und meine Erotomanie war immer ein Rachefeldzug gegen den Puritanismus.

Von allen Arten zu sterben, ist die kleine die lauteste.

Ich glaube, die Erotik kann, wenn man sie zum Kultobjekt macht, mystische Dimensionen annehmen. Der erotische Orgasmus unterscheidet uns von der

tierischen Brunst. Der Orgasmus gewährt
einen kleinen Blick auf die Ewigkeit.

Der menschliche Körper ist das schönste
Spielzeug, das je erfunden wurde.

Beim Vögeln ist der Spatz oft schwerer
als das Herz.

Die Klitoris ist die Perle der Auster.

Bei einer Aktzeichnung fange ich immer mit den Rundungen des Arsches an. Er steht inmitten des Körpers, faltenlos, eine glatte Fläche ohne Zubehör, wie Nabel oder Augen. Schön gespalten, ein Schau-ins-Land.

Ein Hintern kann so viele Ausdrücke haben wie ein Gesicht: verdrießlich, missbilligend, lächelnd, einladend, aufge-schlossen. Es gibt sehr wenige schöne Gesichter, viel mehr schöne Ärsche, das sieht man sofort am Strand. Das ist ohne Hinterlist gesagt.

Eine Dame hat mich angegriffen mit der Behauptung, jemand, der erotische Bücher produziere, dürfe keine Kinder-bücher machen. Ich habe geantwortet: Ohne Sex keine Kinder.

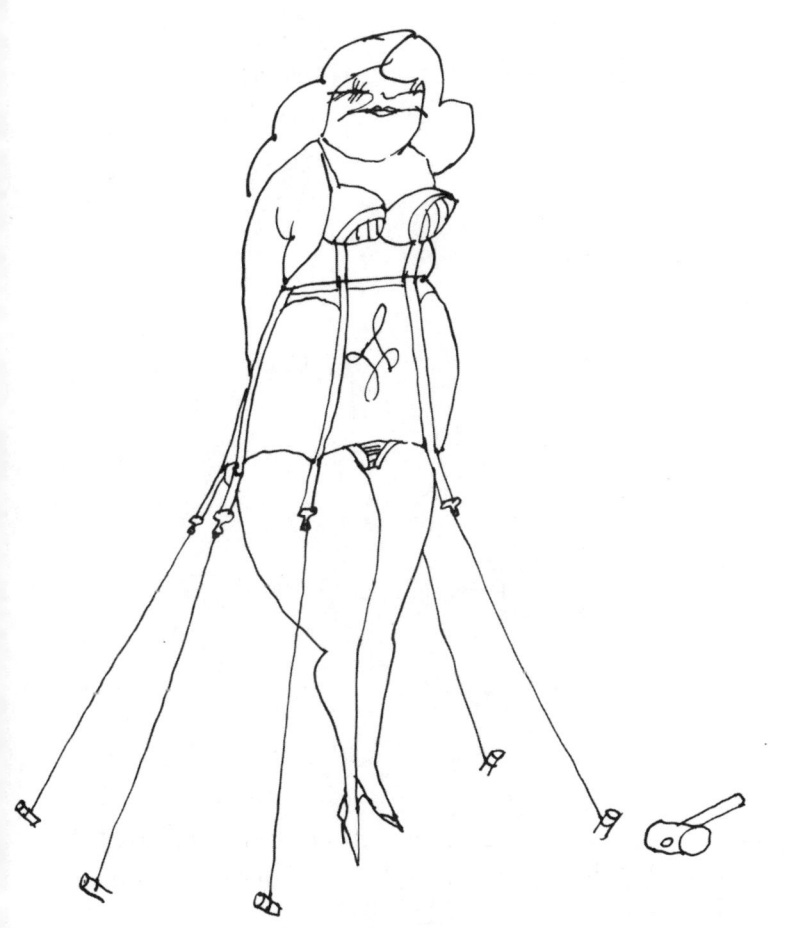

PROVOKATIONEN

Lieber Foie gras als Viagra.

Eine winzige Dirne:
eine Taschenschlampe.

Der Vater schießt mit der Armbrust,
verfehlt den Apfel, trifft den Kopf seines
Sohnes und sagt: »Don't tell anyone.«

Ein Stau im Geschlechtsverkehr.

Ein Teddybär mit Erektion: Steiff.

Die Zunge ist die Klitoris des Gehirns.

Frigide Frau: Ihre Klitoris ist nur die Spitze des Eisbergs.

Ohne Arme kann sich die Venus von Milo nicht mehr selbstbefriedigen.

Das Verhältnis zwischen Frau und Mann: Schlitzkrieg.

Zur Lösung des Afrikaproblems: Wiedereinführung des Kannibalismus. Es gäbe endlich genug zu essen und keine Überbevölkerung mehr.

Ich fahre kein Auto: Seit dem Dritten Reich habe ich keinen Führerschein mehr.

Es gibt unzählige Wörter, die man nicht kennt. Man liest sie, verwendet sie aber nicht. Ich habe daher einen Trick: Wenn ich auf ein unbekanntes Wort stoße, bilde ich damit einen vollkommen absurden, vollkommen lächerlichen Satz, um mich daran zu erinnern. Bei mir sind das in der Regel obszöne Sätze, aber immerhin…

Wenn man Safer Sex will, gibt es nur die Selbstbefriedigung.

Lieber mit einer Frau kommen
als mit ihr gehen.

Die Selbstbefriedigung sollte so täglich sein wie das Brot.

Ich habe einen schwarzen Freund aus Ghana, der sechs Sprachen spricht, er ist Herzchirurg. Seine Tochter war die erste Liebe meines Sohnes. Ich habe ihm gesagt: »Wenn unsere Kinder heiraten, gibt es nur Schwarz-Weiß-Fotos.«

NATUR

Verglichen mit der Natur ist die Kunst nur künstlich.

Die Entdeckung des Meeres war für mich einer der größten Einschnitte meines Lebens. Das Meer hat mir den Horizont gezeigt: eine Linie ohne Einschnitte, eine Fläche ohne Kirchen, ohne Fabriken, das ungehinderte Wogen der Fluten, eine vibrierende, klare Heiterkeit ohne Pflaster.

Das Meer kümmert sich um alles, der schnurgerade Horizont schließt die gesamte Buchhaltung bei null ab. Für mich ist der Horizont des Meeres der einzig graphisch und geistig gesicherte Anhaltspunkt.

In Irland stört mich die Einsamkeit nicht. Der Wind und der Ozean besitzen eine solche Präsenz, jede Welle bedeutet Gesellschaft.

Vor dem Ozean habe ich eine Leinwand für meine Phantasie.

Jede Welle ist Ohrfeige und Liebkosung zugleich.

Im Nebel sind alle Wolken gleich.

Ohne Wind wüssten die Wolken nicht, wohin.

Mir ist ein Himmel mit Wolken, die sich bewegen, und mit Regen, Sturm, Blitz und Donner lieber, als unter einem blauen Deckel zu sitzen.

Wechsel der Jahreszeiten, Anti-Klimas und Antiklimax. Der Sommer schmilzt in seiner eigenen selbstgefälligen Wärme dahin, um den Weg für den Herbst freizugeben, wie eine freundliche Übernahme. Eine Zeitlang vermischen sich die beiden Jahreszeiten sogar miteinander, bis der Sommer endlich in den Ruhestand hinüberfließt und es dem neuen Management überlässt, die Liquidation abzuwickeln. Der Herbst zieht Bilanz, macht Inventur für den Sommer, der bankrottgegangen ist. Die Ankunft des Winters ist ein Angriff. Er klopft nicht an die Tür, er schlägt sie ein. Der Winter hat etwas Martialisches an sich. Von allen Jahreszeiten muss man sich gegen ihn am meisten verteidigen. Der Winter gibt den Kampf nicht so leicht auf, er setzt sich mit Gegenangriffen zur Wehr und lässt Widerstandszellen zurück.

Der Frühling arbeitet heimtückisch, im Untergrund, Fünfte Kolonne; Saft strömt hinter der Front, um die Knospen zu versorgen, die ganz plötzlich in Blättern und

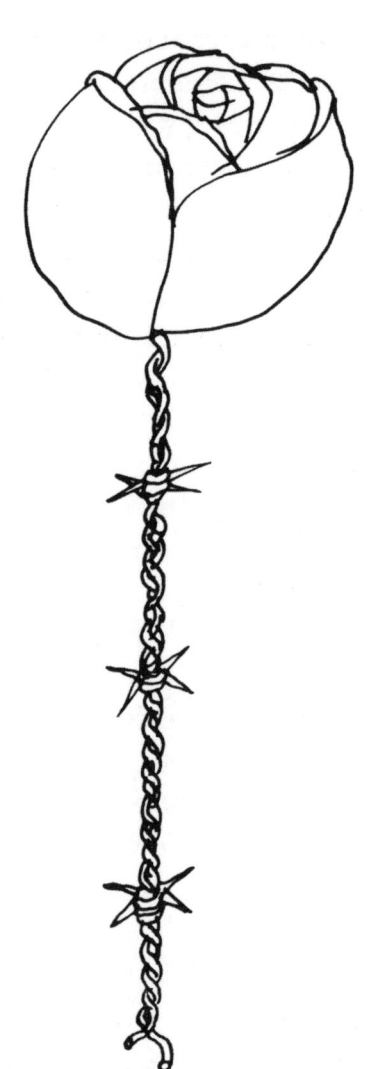

Blüten explodieren. Und dann, welch
ein Schauspiel! Nichts ist so arrogant wie
ein schüchterner Mensch, der seine
Schüchternheit überwunden hat. Die
Sinne, die sich bis jetzt verborgen hatten,
kommen an die Oberfläche: Sie sprudeln,
pochen, schwellen an. Die ersten Früh-
lingstage brutzeln in der Bratpfanne des
Sommers.

Wie viele Erfindungen ahmen die Natur
nach, wie der Stacheldraht die Dornen
der Rose.

Heutzutage gibt es keinen Brunnen vor
dem Tore mehr, keine Linden mehr, wo
wir uns finden zur Abendzeit: Die Zeit
der Wege, als das Wandern noch des
Müllers Lust war, ist auch vergangen.

Meine Lieblingsfarben sind Schwarz und
Weiß, deshalb mag ich Grau am liebsten.

Ein Sandkorn ist nie allein, ob am Strand, im Sandstein, in der Sanduhr oder in einer Düne – nur für einen Moment scheint es allein, nämlich dann, wenn der Wind weht.

Ich liebe Bäume, meine Liebe zu ihnen ist so tief wie ihre Wurzeln. Ich bin der Stammgast aller Bäume. Die Buchen mit ihrer Rinde wie Elefantenhaut, die Platanen mit ihren gefleckten Tarn-anzügen, die Birken in ihren gestreiften Unterhosen. Die Zitterpappel: Zittert sie vor Kälte, Angst oder einfach vor Aufregung? Wann geht die Trauerweide zum Frisör? Würde ein Birnbaum unter Strom leuchten?

Die Bäume sind sehr ernst, sie haben, wie Liebende, keinen Sinn für Humor. Sie sind stolz, ohne arrogant zu sein. Bäume hassen Gewalt, sie sind, im Gleichgewicht ihrer Äste, ein Symbol für

Gerechtigkeit. Sie sind religiös: Nadel-
bäume sind protestantisch, Laubbäume
katholisch, die Weiden sind jüdisch und
trauern, Palmen sind ganz Voodoo und
Bambusse Buddhisten. Für mich symbo-
lisieren sie vor allem Freundschaft und
Leben.

Der Baum gibt uns Holz für das Papier.
Bücher brauchen dieses Papier für die
Reinkarnation der Blätter.

Auf dem Land ersetzen die Fenster für
mich das Fernsehen. Sie versorgen mich
mit einer großen Auswahl von Program-
men, in denen Tiere – geborene Entertai-
ner – alle Rollen spielen, gesponsert von
Äsop, La Fontaine und Buffon. Ich bin
kein Naturforscher, nur ein Zuschauer,
der alltägliche Eindrücke sammelt. Dabei
bevorzuge ich Pflanzen und Tiere, deren
Originalität durch Extreme betont wird,
in Farben, Verhalten und Leistung.

TIERE

Die Schnecke ist das Tier, das in seinem
Sarg geboren wird.

Gänse fressen Schnee, mag sein, dass sie
deshalb weiß bleiben. Gänse sind so weiß,
dass es scheint, als sickere Waschmittel
aus ihrem Innern. Ich würde sie die
Nonnen der Bauernhöfe nennen, wenn
sie während des Geschlechtsverkehrs
nicht so laut wären.

Vögel können im Fliegen scheißen,
genau wie Bomber.

Ich liebe Tiere, aber ich treibe keinen
Kult mit ihnen. Wir können viel von

ihnen lernen, sie aber nichts von uns.
Sie gehen nicht in die Kirche, sie gehören
keiner politischen Partei an, und ihre
Philosophie beschränkt sich auf eine
Strategie des Überlebens. Manchmal
beneide ich sie, dann und wann fühle ich
mich ihnen nahe, obwohl ich genau weiß,
dass sie eigentlich keinem Menschen
trauen sollten. Ich tue nichts weiter,
als sie auf meine Art zu zeichnen.
Mein Bleistift tritt an die Stelle des
Jagdgewehrs, und statt der Spritze,
die ihnen die Wissenschaftler im Labor
verabreichen, benutze ich meine Feder.

Ein Vogel landet und findet seinen treuen
Schatten wieder, der auf ihn gewartet hat.

Das Tierreich wimmelt von Absonder-
lichkeiten. Ich finde es zum Beispiel
bemerkenswert, dass eine amerikanische
Mottenlarve während der ersten 48
Stunden ihres Lebens das 86 000fache

ihres Eigengewichts verschlingt, oder dass
das längste Tier der Welt nicht der Wal
ist, sondern der Schnurwurm, der bis zu
50 Meter lang werden kann, dass der Dino-
saurier zwei Gehirne besaß, nämlich das
Haupthirn, das natürlich seinen Sitz im
Kopf hatte, und das Nebenhirn, das im
Hinterleib als Schaltstelle diente, damit
die Befehle bis zum Schwanz gelangten.
Die Spinne besitzt oft acht Augen, und
man bestimmt ihre Zugehörigkeit zu
dieser oder jener Art über die Anordnung
der Augen. Für jedes Bein ein eigenes
Auge? Die Natur lässt sich nicht lumpen!

GLOBETROTTER

Ich bin meine eigene Heimat.
Mein Taschentuch ist meine Fahne.

Manchmal schlafe ich auf Englisch ein,
wache auf Französisch auf, um dann auf
Elsässisch zu fluchen und mich auf
Deutsch zu entschuldigen.

Die Freiheitsstatue wurde so aufgestellt,
dass sie Amerika den Rücken zeigt.

In Amerika gibt es immer zwanzig
Kochbücher über dem Kühlschrank, was
die Amerikaner nicht daran hindert, ihren
Toast anzubrennen. Das Gleiche gilt für
die Ratgeber für ein erfülltes Sexleben.

Die amerikanische Naivität hat etwas
Obszönes.

In Amerika ist ein Schwarzer schwärzer
als in Afrika.

Die amerikanische Philosophie lautet:
»Entweder o.k. oder k.o.«

Die Schweiz ist der Kulturgletscher
Europas.

Schweizer Käse: Jedes Loch steht für eine
Gedächtnislücke.

In jeder Sprache habe ich einen anderen
Akzent. Ich spreche Französisch mit
einem deutschen Akzent, Deutsch mit
einem französischen. Im Englischen
variiert mein Akzent: Wenn ich in New

York bin, finde ich teilweise zu einem jüdischen New Yorker Akzent zurück, wenn ich dagegen in Kanada bin, zu einem kanadischen. Jetzt lebe ich in Irland, und meine Kinder finden es sehr lustig, dass ich einen eher irischen Akzent habe, der nicht wirklich irisch ist. Das schönste Kompliment meines Lebens machte mir ein Engländer, als er mich fragte: »Wie viele Jahre haben Sie denn in Deutschland verbracht, um diesen deutschen Akzent zu kriegen?«

Wenn ich einen hochnäsigen Engländer treffe, frage ich ihn: »Are you Irish?« Dann ist er erst einmal sprachlos.

Wenn ein Franzose Esprit zeigt, ist es in der Regel ein Zeichen von Bösartigkeit.

Als ich einmal einen Hahn geschlachtet habe, lief dieser ohne seinen abgeschlagenen Kopf noch weiter. Ein anderer Hahn, ein lebender, griff ihn an; ein paar Sekunden später fällt der tote tot zu Boden. Der triumphierende Hahn ist über seinen Sieg begeistert und kräht, bis er einem Schlaganfall nahe ist, um seinen Ruhm zu verkünden. Wie französisch!

Der Rhein, der Europa einst teilte, ist zu seiner Wirbelsäule geworden.

HUMOR

Das Lächeln ist die Verständigungsform des Herzens, die über alle Sprachen erhaben ist.

Ein Lächeln kann ein Abgrund sein.

Ohne Verzweiflung kein Humor.

Ich bin der Hofnarr meiner selbst.

Ich bin Satiriker, aber ich will kein Beleidiger sein.

Je dünner die Zeit, desto dicker der Witz.

Man muss über alles lachen. Nur so verliert das Dasein seinen Schrecken.

In dem Augenblick, in dem man jemanden zum Lachen bringt, hat man gewonnen.

Man muss auch einen Tumor mit Humor nehmen.

Die Lösung eines Problems liegt manchmal in einem Witz.

Funken haben mehr Witz als Flammen.

Ein Elsässer-Luxus für mich wie für andere Elsässer ist, uns über die Nazizeit lustig zu machen. Das ist für meine deutschen Freunde manchmal schwer zu schlucken. Das ist unser Exorzismus.

Der beste Humor ist meist ein
Schutzschild verfolgter Minderheiten,
wie der jüdische, irische oder der
schwarze Humor.

Wie schön, wenn unser Lächeln uns
überleben könnte.

KINDER

Heutzutage weiß jedes Kind, woher
die Babys kommen, aber nicht, woher
die Erwachsenen kommen.

Ich bin mein eigenes Kind. Wenn ich
ein Kinderbuch konzipiere, ist es für das
Kind in mir.

Das Wichtigste ist, die Neugierde der
Kinder zu fördern. Dann wird das Leben
zur Entdeckungsreise.

Das Einzige, was Kinder brauchen, sind
Wörter und Werkzeuge, und Er-
klärungen, was die Wörter bedeuten und
wie die Werkzeuge funktionieren.

Ich benutze in meinen Kinderbüchern
immer komische, oft seltene Wörter.
Das ist ja gerade der Reiz. Kinder spielen
gerne mit Wörtern, oft viel besser als wir.
Jedes Wort ist für ein Kind ein Geschenk,
ein Abenteuer – Teil eines Wortschatzes.

Es gibt keine heile Welt. Kinder sollten
früh verstehen, dass das Leben nicht aus
eitel Sonnenschein besteht. Man muss die
Kinder traumatisieren. Traumata sind
Dünger für die Entwicklung des
Charakters und der Individualität.

Es ist mir wirklich ein Anliegen,
den Kindern zu zeigen, wie man sich über
die Erwachsenen lustig macht.

Ich werde nie in die Kindheit zurück-
fallen, weil ich immer ein Kind geblieben
bin.

Die süße kleine Nichte eines Freundes ist vier Jahre alt. Sie besucht einen Kindergarten in Paris. Sie hat bereits ein Zeugnis mit der Bemerkung: »Diese Kleine zeigt zu viele Gefühle.« Als ob das ein Makel wäre!

Erzählt von einem deutschen Freund, der ein Haus in Irland hat: Er saß am Strand, mit seinem sechsjährigen Sohn, der still in die Weite starrte. Der Vater fragte: »Was siehst du denn?« Die Antwort war: »Alles.«

REZEPTE

Probleme löst man häufig mit Säure.

Nur zwischen zwei Stühlen ist ein
Stuhlgang möglich.

Gegen Durchfall hilft kein Pflaster.

Um eine Stecknadel im Heuhaufen zu
finden, reicht ein Magnet.

Der Schlüssel zum Erfolg ist ein Dietrich.

Manchmal ist ein Umweg die kürzeste
Strecke.

Arbeit ist die beste Erholung.

Am besten isst man zu Hause, und am zweitbesten in einem Restaurant, wo man wie zu Hause isst.

Erst wenn man Mühlen aufgebaut hat, sollte man Wind machen.

Ein Labyrinth mit einem Bulldozer durchqueren.

Eine Pille Zynismus für einen Liter Begeisterung.

Vor dem Ertrinken immer einatmen.

Nehmt die ganze Scheiße, in der ihr versinkt, und macht daraus Dünger!

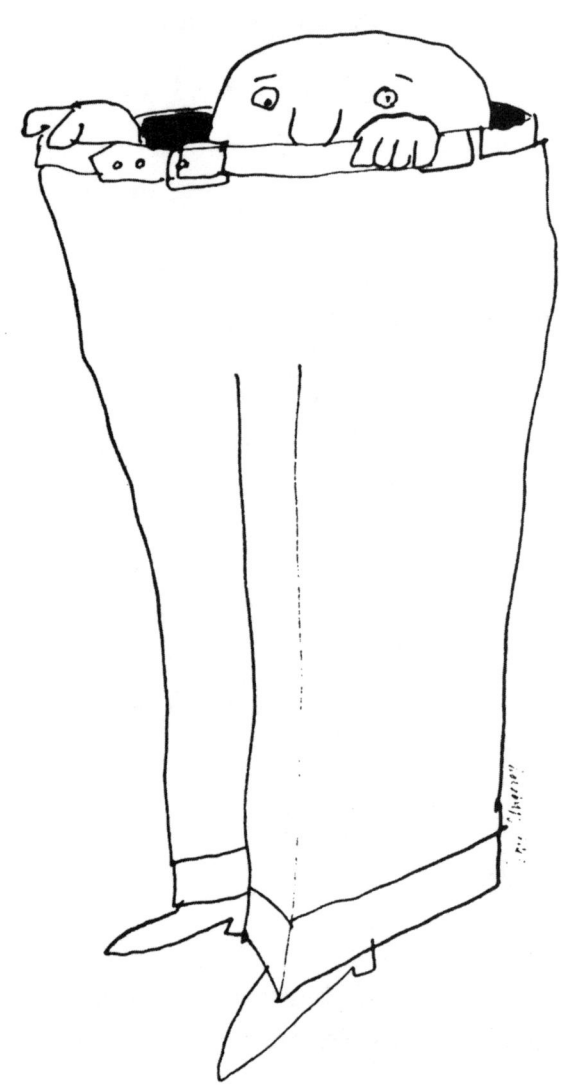

BEKENNTNISSE

Ich bin halb Max, halb Moritz.
Einer spielt dem anderen Streiche.

Ich bin ein Pendler zwischen der heilen
und der geilen Welt.

Als Egoist fällt es mir leicht, mir treu zu
bleiben.

Die Wut ist eine Glut, in der ich manchmal selbst schmore. Ich bin der Braten
meiner Wut.

Mein Ideal: eine fliegende Schildkröte mit
Schmetterlingsflügeln.

Ich wurde als eine Art Schnecke geboren.
Wenn sie ihren Schleim nicht dauernd
absondert, erstickt sie darin. Ich werde
meinen in der Arbeit los.

Ich war ein guter Schüler mit schlechten
Noten.

Die Angst vor der Angst gibt mir den
Mut, sie zu überwinden.

Ohne Gewissen wäre ich ein freier
Mensch.

Ich bin ein Schwindler, der es versteht,
das wenige, was er kann, zur Geltung zu
bringen.

Wäre ich ein Stern, würde ich alles dafür
tun, eine Schnuppe zu sein.

Ich versuche immer, das Normale im
Extremen wiederzuerkennen und die
Realität im Absurden.

Ich bin ein Wirbel ohne Säule.

Ich bin kein Zyniker, nur Realist.

Ich schärfe immer mein Kriegsbeil, bevor ich es begrabe.

Ich wünschte, meine Arroganz wäre so falsch wie meine Bescheidenheit.

Ich hasse es, zu hassen. In meinem Alter habe ich es geschafft, den Hass abzutreiben.

Ich hatte keinen Vater, und ein Vaterland wollte ich nicht haben.

Ich bin halb Bürgerschreck, halb Heuschreck. Es ist das Schicksal dieses Insekts, nie zu wissen, wo es mit seinen Seitensprüngen landen.

Mit mir möchte ich nicht leben.

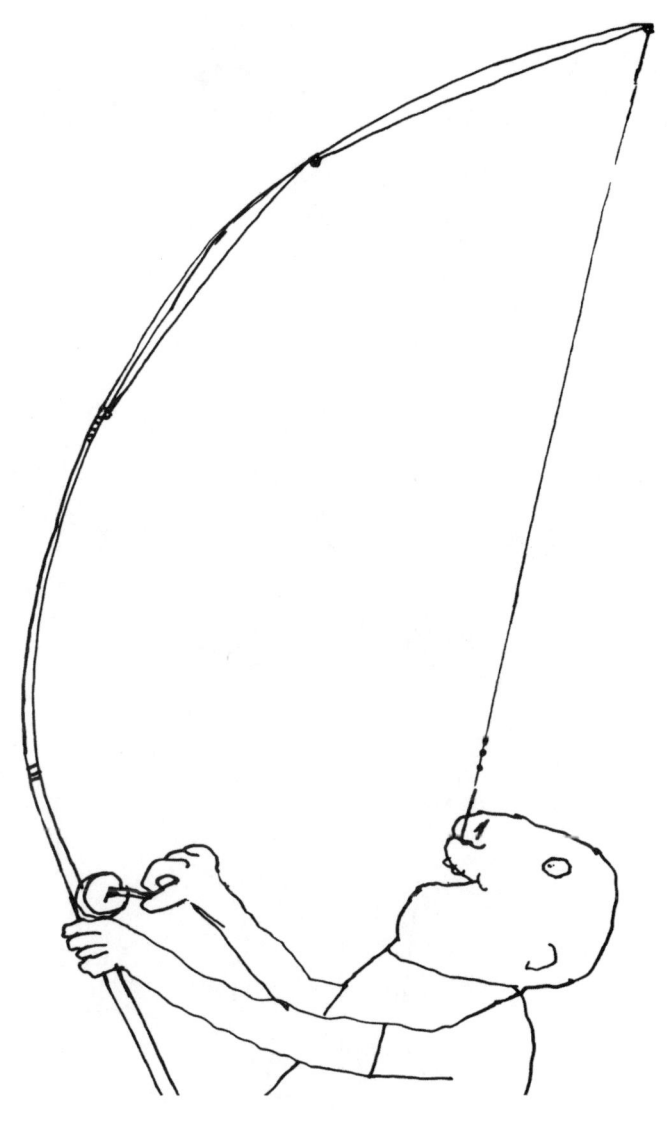

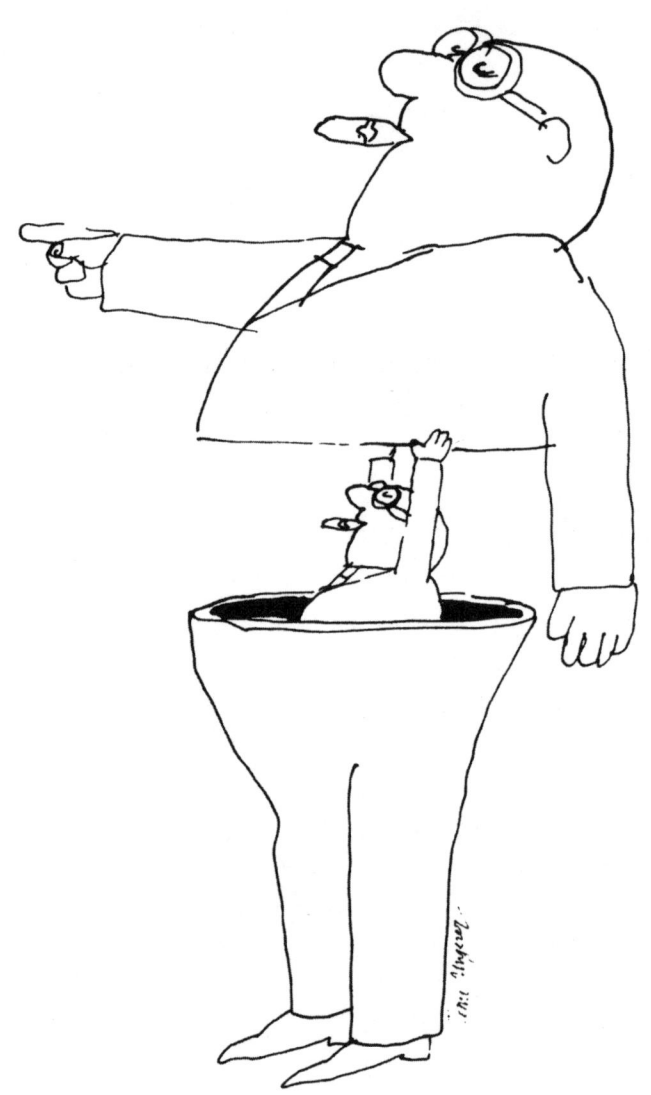

Mein Lebensdreieck: ein Winkel für Begeisterung, einer für Disziplin und einer für den Pragmatismus.

Ich bin, was wir sind.

Für alles, was ich behaupte, gibt es immer ein ›Manchmal‹ und ein ›Vielleicht‹.

Wenn ich arbeite, spreche ich mit den Dingen, die mit meiner Tätigkeit zu tun haben. Ich bitte den Baum, den ich fälle, um Entschuldigung und bedanke mich bei meinen Werkzeugen.

Im Spiegel bin ich mein eigenes Vorbild. Leider!

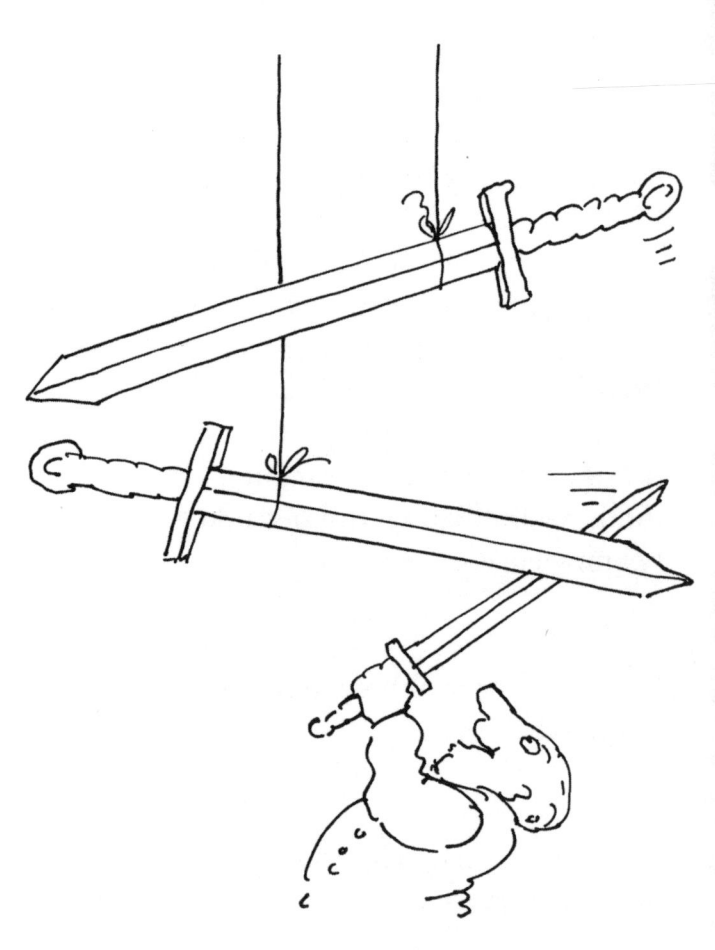

CONDITION HUMAINE

Das Leben wäre so viel einfacher, wenn alle dieselbe Telefonnummer hätten.

Für jedes Licht am Ende des Tunnels gibt es einen Stromausfall oder eine durchgebrannte Sicherung.

Man müsste Brillen mit Vorhängen entwerfen.

Mit einem Streichholz kann man die Dunkelheit nicht auflösen.

Die Menschliche Komödie ist vollkommen tragisch.

Fürs Leben ist bald eine Existenzberechti-
gungsbewilligung nötig.

Life is never duty-free. Man kann sich
glücklich schätzen, wenn man wenigstens
einen kleinen Rabatt erhält.

Heute liegt der Stolz mehr im Lohn als in
der Arbeit.

Das Überleben ist eine Herausforderung,
das habe ich von den Juden gelernt.

Kummer ist präziser als Traurigkeit,
Schmerz noch genauer.

Im Leben ist mir eine Straße mit einer
Barrikade lieber als eine Autobahn mit
Stau.

In unserer Konsumgesellschaft ist das Überflüssige ein Bedürfnis geworden.

Man muss nur Realist sein, schon wird man als Pessimist beschimpft.

Im Radio gehört. Ein Interview mit einem frischgebackenen Rentner: »Was machen Sie jetzt mit Ihrer Zeit?« – »Ich werde mich um meine Frau und meinen Hund kümmern, sonst fischen.«

HIMMEL UND HÖLLE

Träfe ich Gott, würde ich zu ihm sagen:
»Lass mich in Frieden.«

Es ist eine Revolution, vergeben zu können. Deshalb ist Christus für mich ein
großer Revolutionär gewesen. Für das
böse Menschentier ist das Konzept der
Nächstenliebe und des Vergebens un-
denkbar.

Gott schuf den Menschen,
und der Mensch erschuf Gott.

Mir ist Jesus lieber als Gott. Wenn er
Gottes Sohn ist: Nie ist ein Apfel so weit
vom Stamm gefallen.

Das Schicksal ist mein Lieblingsgott.

Christ sein ohne Gott.

Woran ich glaube? Ich glaube an das Zweifeln. Eigentlich glaube ich auch an den guten Willen. Aber wissend, wie beschränkt mein guter Wille ist, muss ich an meinem guten Willen zweifeln, also muss ich an das Zweifeln glauben.

Der Mensch wurde erschuftet,
nicht erschaffen.

Gott hat den Menschen als sein Abbild geschaffen, folglich ist Gott genauso schlimm wie du und ich. Und als Voyeur hat er sicher seinen Spaß daran.

Ich bete nur, um mich zu bedanken.

Die moderne Technik lässt keinen Platz
mehr für Wunder. Einen heiligen Computer zum Anbeten gibt es noch nicht.

Auf den Gürtelschnallen der Wehrmacht:
»Gott mit uns«, auf den amerikanischen
Banknoten: »In God we trust.« Und bei
den Engländern: »God save the queen!«

Die christliche Religion basiert auf
Schuldgefühlen. Wenn der Christ ein
Problem hat, sagt er sich: »Gott straft
mich.« Der Jude sagt: »Es ist ein Test.«
Keine Schuld, aber eine Herausforderung.
Die Juden können im Glauben alles
überwinden.

Im Münstertal: Um eine Kapelle herum
liegen schöne Kieselsteine, knieend
sammle ich die schönsten zusammen.
Die Leute im Dorf denken, ich bete.

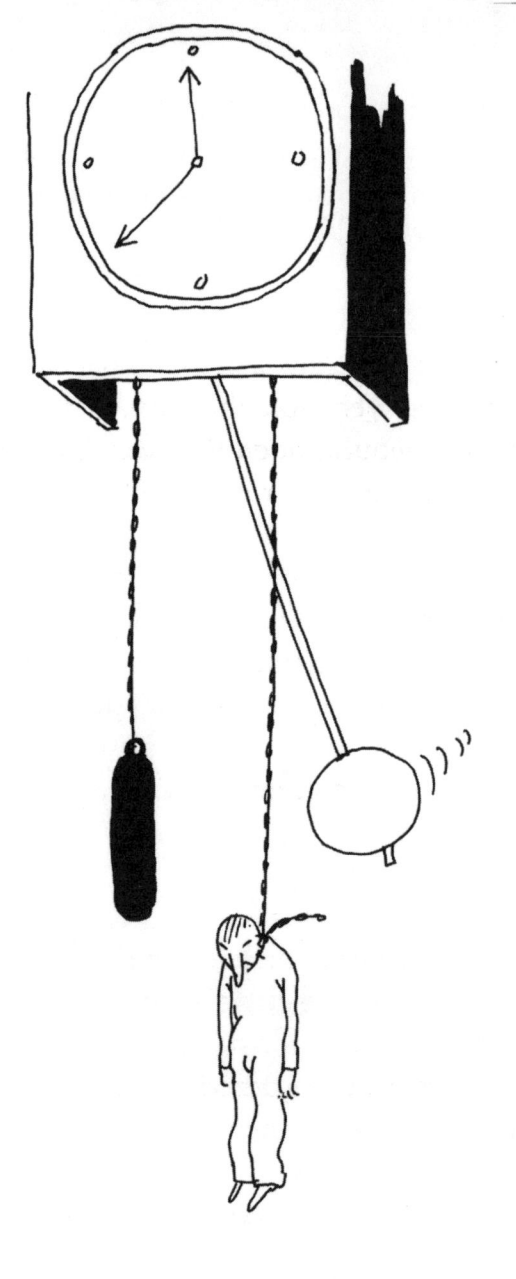

TOD

Seit meiner Kindheit bin ich fasziniert
vom Tod – behandle ihn jedoch immer
mit dem gebührenden Respekt. Der Tod
war für mich immer eine reiche Quelle
der Inspiration.

Jede Geburt verkündet ein Todesurteil.

Der Tod ist die Herausforderung des
Lebens.

Das Leben vor dem Tod heißt Überleben.

Man braucht das ganze Leben,
um sterben zu können.

Das Leben ist eine Schule, der Tod die großen Ferien.

Der Tod ist eine egoistische Erfahrung.

Wenn man Angst vor dem Leben hat, ist es leichter zu sterben.

Ich erklärte einem tibetischen Lama, dass Motorroller die tiefer stehenden Reinkarnationen schlechter Autos seien, und Fahrräder diejenigen schlechter Motorräder.

Es sind nicht die Ertrunkenen, die Schwimmstunden geben, und doch sind es die Toten, von denen wir lernen zu leben.

Der Tod ist lebenswert.

In Berlin habe ich in einem Kaufhaus
einen neuen Reisekoffer gekauft. Im
Fahrstuhl begegne ich einer winzigen
alten Dame. »Na, wie gefällt Ihnen mein
neuer Koffer?« – »Schön groß«, sagt sie.
»Sie sollten sich solch einen Koffer auch
kaufen. Sie würden gut hineinpassen,
und es wäre sicher billiger als ein Sarg.«
Sie hat sich fast totgelacht.

Wenn das Schicksal sagt: jetzt!, dann meint es jetzt! Ich denke an einen Bekannten. Er verließ New York mit seiner ganzen Familie und ging nach Florenz, um mit dem ältesten Sohn zusammenzubleiben, der es abgelehnt hatte, in Vietnam zu kämpfen. Der Junge starb bei einem Verkehrsunfall. Hätte man ihn eingezogen, wäre er am selben Tag durch eine Kugel gestorben?

Meine Religion ist der Tod,
meine Schutzengel sind die Toten.

Ob ich Angst vor dem Tod habe?
Ich habe Angst vor mir selbst, das ist viel schlimmer.

Frei lebt, wer sterben kann.

Eben gewesen, schon verwesen.

Was sind Ihre Pläne für die Zukunft?
Verschwinden.

Ich war bereits dreimal tot, und das war
die beste Erfahrung in meinem Leben –
einfach mehr Licht.

Als Goethe vor seinem Tod sagte: »Mehr
Licht!«, gab es noch keine Elektrizität.

Krieg, Katastrophen, Krankheiten ge-
hören zur Natur und zu den Menschen.
Der Tod hat damit nichts zu tun. Der
Tod ist nur der Zöllner zum Jenseits.

Wenn ich jetzt aufhören würde,
Medikamente zu nehmen, würde es mein
Leben verlängern oder verkürzen?

Lebe wohl, und stirb noch besser.

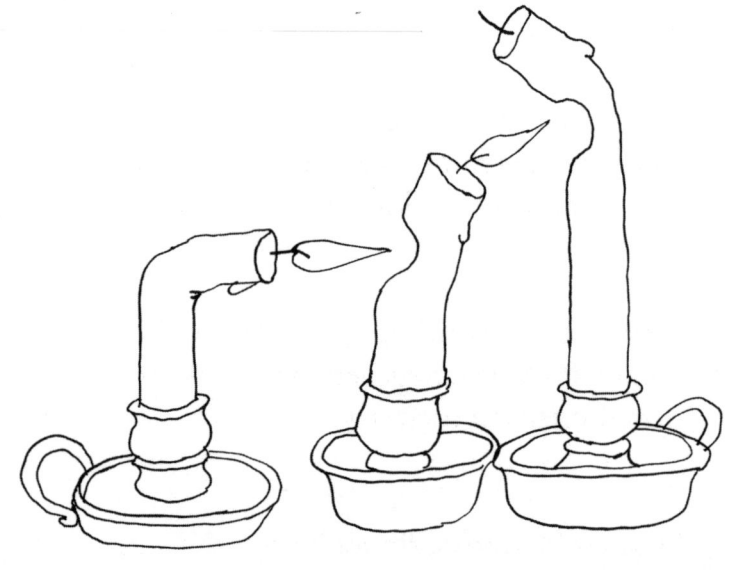

EPILOG

Ich bin jetzt 77 Wechseljahre alt.

Die Vergangenheit ernährt sich von der
Zukunft. In meinem Fall wird sie bald
verhungern.

Wäre ich eine Taschenlampe,
würde ich jeden Morgen drei Batterien
zum Frühstück schlucken.

Lebensstufen werden mit dem Alter
höher. Treppen steige ich hinauf mit
einer Leiter auf dem Rücken.

Mit dem Alter wird mein Schatten länger.

Mit einem Nachlass darf man nicht nachlässig sein.

Pyromanen-Nachlass: eine Brandstiftung.

Ich verlasse euch: Ich muss zurück
zur Schule, der ich noch 3650 Stunden
Nachsitzen schulde, plus Zinsen.

Ich möchte aufrecht begraben werden.
Das ist platzsparend, tiefer, und man ist
näher an seinen Wurzeln.

Mein Grabspruch? »*Rest in pieces or in
peaces.*«

Ich bin umringt von Schutzengeln,
das Schönste für einen Teufel wie mich.

*Bitte beachten Sie auch
die folgenden Seiten*

Tomi Ungerer
im Diogenes Verlag

»Ungerer ist ein vor Einfällen explodierender brillanter Cartoonist, der gern Juxpulver ausstreut: seine Zeichnungen haben keinen doppelten, sie haben vierfachen Boden, zeigen mit jedem Strich, dass er nicht nur ein ›teuflisch gutes Auge‹ hat (Sendak über Ungerer), sondern auch eine teuflisch gute Hand.«
Die Zeit, Hamburg

Bilderbücher für Erwachsene:

Kompromisse

Babylon
The Book To End All Books

Das Kamasutra der Frösche

Slow Agony

Heute hier, morgen fort
Here today, gone tomorrow. Deutsch von Hans-Joachim Hartstein und Christa Hotz

Tomi Ungerer
Eine Retrospektive, veranstaltet von Daniel Keel. Mit Texten von Friedrich Dürrenmatt, Manuel Gasser, Walther Killy und Tomi Ungerer

Die Gedanken sind frei
Meine Kindheit im Elsaß

Es war einmal mein Vater
Deutsch von Ulrich Hartmann. Mit einem Nachwort von Thérèse Willer

Museum Tomi Ungerer
Werkkatalog zur ständigen Ausstellung. Mit 210 Illustrationen von Tomi Ungerer, drei Essays von Thérèse Willer und zahlreichen einleitenden Texten von Thérèse Willer und Claire Hirner. Aus dem Französischen von Ina Kronenberger

Expect the Unexpected

Zvi Kolitz/Tomi Ungerer

Jossel Rakovers
Wendung zu Gott
Jiddisch-Deutsch. Aus dem Jiddischen übertragen, herausgegeben und kommentiert von Paul Badde. Mit Zeichnungen von Tomi Ungerer

Bilderbücher für alle:

Das große Liederbuch
204 deutsche Volks- und Kinderlieder, gesammelt von Anne Diekmann, unter Mitwirkung von Willi Gohl, mit 156 bunten Bildern von Tomi Ungerer

Das große Katzenbuch
Die schönsten Geschichten, Gedichte und Aphorismen aus der Weltliteratur. Ausgewählt von Anne Schmucke, mit vielen Bildern von Tomi Ungerer

Katzen

Vögel

Bilderbücher für Kinder:

Crictor die gute Schlange
Deutsch von Hans Ulrik

Die drei Räuber
Deutsch von Tilde Michels
Auch als Diogenes Hörbuch, Hörspiel mit Katharina Thalbach, Joachim Król, Bela B. Felsenheimer, Charly Hübner u.a.

Saul Steinberg
im Diogenes Verlag

Die Entdeckung Amerikas

Mit einem Vorwort von Arthur C. Danto

»Der Prachtband *Die Entdeckung Amerikas* enthält über 200 ironische, zärtliche und melancholische Zeichnungen, in denen ein Land, das wir zu kennen glaubten, buchstäblich neu entdeckt wird. Ein hinreißender Überblick über das Œuvre des Künstlers.«
Badische Zeitung, Freiburg

»Für Amerika-Fans ein ›must‹, für Amerika-Hasser eine Delikatesse, für Leute, die das Land noch nicht kennen, eine Einstiegsdroge. Einer der genialsten Zeichner des 20. Jahrhunderts.« *Cosmopolitan, München*

»Daran besteht kein Zweifel: Amerika wurde von Saul Steinberg entdeckt, oder, wie es sein Kritikerfreund Harold Rosenberg ein wenig genauer ausgedrückt hat: ›Amerika wurde für Saul Steinberg gemacht.‹«
Matthias Matussek /Der Spiegel, Hamburg

Schatten und Spiegelungen

Eine Art Autobiographie. Aufgezeichnet von Aldo Buzzi
Aus dem Italienischen von Maja Pflug
Mit zahlreichen Abbildungen

Dieses Buch ist aus Gesprächen mit Steinbergs italienischem Freund Aldo Buzzi entstanden. Buzzi hat sie aufgezeichnet, und aus einzelnen Steinchen ist ein Mosaik entstanden. Ein Mosaik aus Erinnerungen, Anekdoten und Kunstbetrachtungen, in denen uns Steinberg mit der ihm eigenen Mischung von Zurückhaltung und Offenheit entgegentritt.

»Die phantastische Lebensgeschichte des Mannes, der Amerika zeichnete.«
Franco Marcoaldi / La Repubblica, Rom

Paul Flora
im Diogenes Verlag

»Auf dem Gebiet der europäischen Kreuzschraffur hat es bisher keiner gewagt, ihm den führenden Platz streitig zu machen. Flora ist kein schwarzer Humorist. So einfach macht er es sich nicht. Er ist ein sanfter Grisaille-Meister, der durch den Dienstboteneingang unauffällig Burg, Villa oder Palast betritt, um dem bösen Herrscher oder einem verwandten Finsterling eine kleine, unangenehme Überraschung zu bereiten, einen feinen, tödlichen Nadelstich zu versetzen.« *Peter Winter/Frankfurter Allgemeine Zeitung*

»Ein Zeichner, der, obwohl Skeptizist, eher melancholisch als sarkastisch darauf reagiert, daß ihm der Glaube an den Fortschritt der Menschheit abhanden gekommen ist.« *Süddeutsche Zeitung, München*

Zeichnungen
Eine Retrospektive, veranstaltet
von Daniel Keel. Mit einer Hommage
von Friedrich Dürrenmatt

Dies und das
Nachrichten und Geschichten
Ausgewählt von Daniel Keel

Die welke Pracht
Venezianische Bilder und Geschichten

Zeichnungen 1938–2001
Ein Jubiläumsband
Mit einem Essay des Autors

Stille Bilder

Rückwärts in die Zukunft

Fauna, Fabeln und Figuren

Außerdem erschienen:

Wie's halt so kommt
Erinnerungen aufgezeichnet
von Felizitas von Schönborn

Sempé
im Diogenes Verlag

»Viel bewundert wird seine Fähigkeit, aus gewaltigen Nasen, winzigen Mundaugenstrichen und fehlenden Kinnpartien eine vollständige Mimikpalette zu zaubern, gerühmt die Kunst, den hundert Klein- und Nebendarstellern, den zahllosen Einzelheiten ein eigenes Leben zu schenken. Mit kleinen Aquarelltupfern lenkt er die Aufmerksamkeit, fesselt er den Blick, ohne ihn zu binden. Abgeklärt sein trockener, liebevoller Witz, immer zart vom Leben gezeichnet.«
Konrad Heidkamp / Die Zeit, Hamburg

Benjamin Kiesel
Aus dem Französischen von Anna Cramer-Klett
Früherer Titel: *Carlino Caramel*
Auch als Diogenes Hörbuch erschienen, gelesen von Nikolaus Heidelbach

Das Geheimnis
des Fahrradhändlers
Deutsch von Patrick Süskind

Monsieur Lambert
Deutsch von Anna Cramer-Klett

Schöne Aussichten
Deutsch von Anna Cramer-Klett

Sempé's Paris

Sempé's Musiker
Veränderte und stark erweiterte Neuausgabe

Heiter bis wolkig
Deutsch von Anna Cramer-Klett

Für Gartenfreunde

Sempé's Frankreich

Für Bücherfreunde

Für Romantiker

Kinder, Kinder

Mit vorzüglicher
Hochachtung
Deutsch von Patrick Süskind

Patrick Süskind & Sempé
Die Geschichte
von Herrn Sommer
Mit Bildern von Sempé
Auch als Diogenes Hörbuch erschienen, gelesen von Rufus Beck

Loriots Werke
im Diogenes Verlag

»Was ich an Loriot mag, ist seine Intelligenz. Was ich am meisten an seinem Werk bewundere, ist die Art, wie gut alles gemacht ist – wie gut es gearbeitet ist, hätte ich beinahe gesagt, als wäre er ein Handwerker, ein Goldschmied etwa –, und meine damit nicht einen Oberflächenglanz, sondern das Wohldurchdachte, das durch und durch Ausgetüftelte, das mit Raffinement und größter Sorgfalt Erzeugte seiner Produktion.«
Patrick Süskind

Loriots Gesammelte Werke
in vier Bänden in Kassette. Alle Bände auch als Einzelausgaben:

Loriots Großer Ratgeber
500 Abbildungen und erläuternde Texte geben Auskunft über alle Wechselfälle des Lebens

Loriots Heile Welt
Neue gesammelte Texte und Zeichnungen zu brennenden Fragen der Zeit, erstmals ›Loriots Telecabinet‹

Loriots Dramatische Werke
Texte und Bilder aus sämtlichen Fernsehsendungen seit ›Loriots Telecabinet‹

Möpse & Menschen
Eine Art Biographie

Außerdem liegen vor:
Fußballfieber
Ein Daumenkino

Sehr verehrte Damen und Herren...
Bewegende Worte zu freudigen Ereignissen, Kindern, Hunden, weißen Mäusen, Vögeln, Freunden, Prominenten und so weiter. Herausgegeben von Daniel Keel. Ausführlich erweiterte und vollständig überarbeitete Neuausgabe

Loriot
Katalog zu Loriots 70. Geburtstag. Mit einem Vorwort von Patrick Süskind und einem Nachwort von Loriot

Herren im Bad
und sechs andere dramatische Geschichten

Große Deutsche
Circa acht Portraits. 12 Einzelblätter in Mappe

Das Frühstücksei
Gesammelte dramatische Geschichten mit Doktor Klöbner und Herrn Müller-Lüdenscheidt, Herrn und Frau Hoppenstedt, Erwin Lindemann u.v.a.

Loriots Kleiner Opernführer
54 Opern fast vollständig erzählt sowie Texte rund um die Oper. Vom Autor ergänzte und überarbeitete Neuausgabe

Loriot und die Künste
Eine Chronik unerhörter Begebenheiten aus dem Leben des Vicco von Bülow zu seinem 80. Geburtstag. Herausgegeben und mit einem Vorwort von Daniel Keel